Impressum
Verlag: BABADADA GmbH, Nedderfeld 112 , 22529 Hamburg
Geschäftsführer / Verlagsleitung: Harald Hof
Druck: Books on Demand GmbH, In de Tarpen 42, 22848 Norderstedt

Imprint
Publisher: BABADADA GmbH, Nedderfeld 112 , 22529 Hamburg, Germany
Managing Director / Publishing direction: Harald Hof
Print: Books on Demand GmbH, In de Tarpen 42, 22848 Norderstedt

el colegio

škola

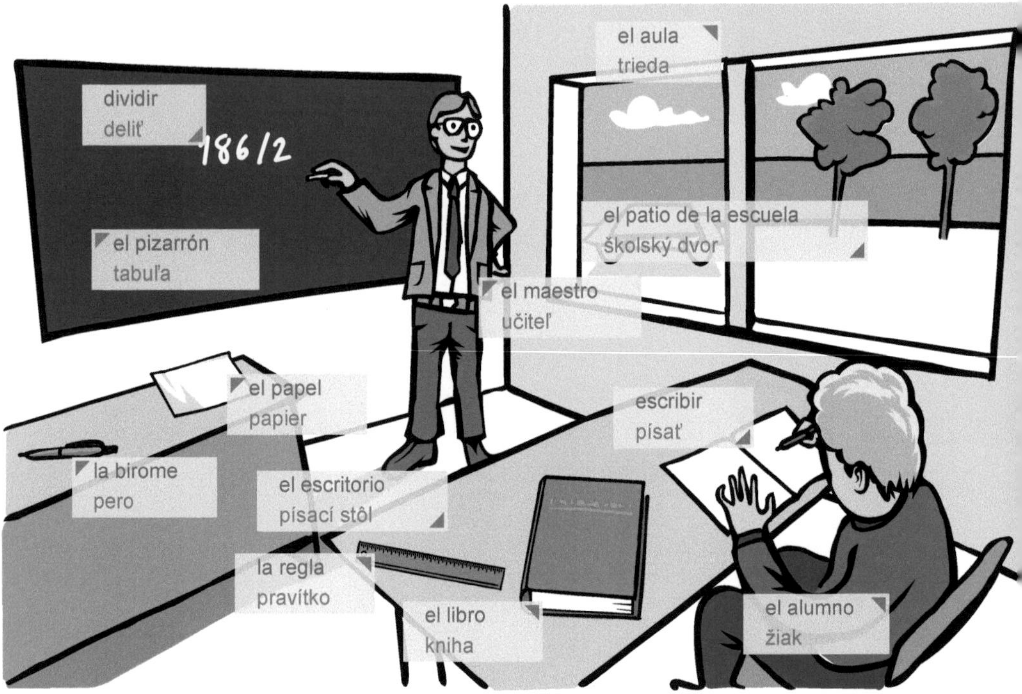

el aula
trieda
dividir
deliť
186/2
el pizarrón
tabuľa
el patio de la escuela
školský dvor
el maestro
učiteľ
el papel
papier
escribir
písať
la birome
pero
el escritorio
písací stôl
la regla
pravítko
el libro
kniha
el alumno
žiak

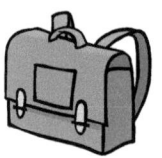

la mochila

školská taška

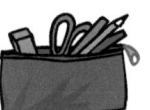

la caja de lápices

peračník

el lápiz

ceruza

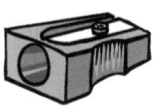

el sacapuntas

strúhadlo na ceruzky

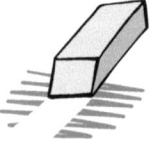

la goma (de borrar)

guma

el bloc de dibujo

skicár

el dibujo

kresba

el pincel

štetec

la caja de pinturas

vodové farby

la tijera

nožnice

el pegamento

lepidlo

el cuaderno de ejercicios

cvičný zošit

la tarea

domáca úloha

el número

číslo

sumar

sčítať

restar

odčítať

multiplicar

násobiť

calcular

počítať

la letra

písmeno

el abecedario

abeceda

la palabra

slovo

el texto

text

leer

čítať

la tiza

krieda

la lección

hodina

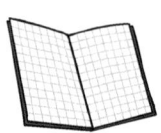

el cuaderno de clase

triedna kniha

el examen

skúška

el certificado

certifikát

el uniforme escolar

školská uniforma

la educación

vzdelanie

la enciclopedia

encyklopédia

la universidad

univerzita

el microscopio

mikroskop

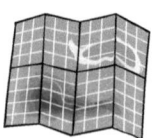

el mapa

mapa

el tacho (de basura)

kôš na papier

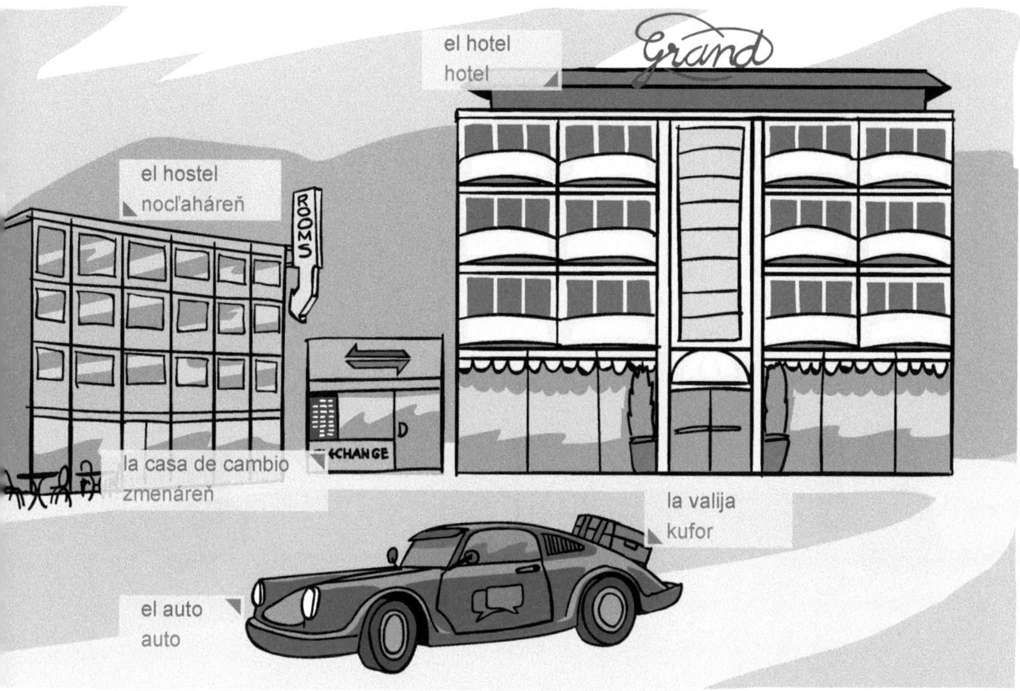

el hotel
hotel
Grand
el hostel
nocľaháreň
ROOMS
la casa de cambio
zmenáreň
CHANGE
la valija
kufor
el auto
auto

el idioma

jazyk

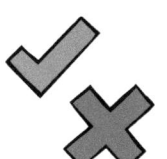

sí / no

áno/nie

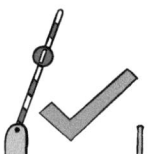

Está bien

v poriadku

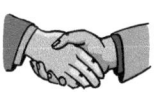

hola

ahoj

el traductor

prekladateľ

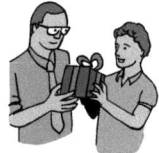

Gracias

ďakujem

¿cuánto cuesta...?

Koľko stojí ... ?

No entiendo

Nerozumiem

el problema

problém

¡Buenas tardes!

Dobrý večer!

¡Buenos días!

Dobré ráno!

¡Buenas noches!

Dobrú noc!

el adiós

Dovidenia

la dirección

smer

el equipaje

batožina

el bolso

taška

la mochila

batoh

el invitado

hosť

la habitación

izba

la bolsa de dormir

spacák

la carpa

stan

la información turística

informácie pre turistov

la playa

pláž

la tarjeta de crédito

kreditná karta

el desayuno

raňajky

el almuerzo

obed

la cena

večera

el pasaje

cestovný lístok

el ascensor

výťah

el sello

poštová známka

la frontera

hranica

la aduana

clo

la embajada

veľvyslanectvo

la visa

vízum

el pasaporte

cestovný pas

el viaje - cesta

el transporte
doprava

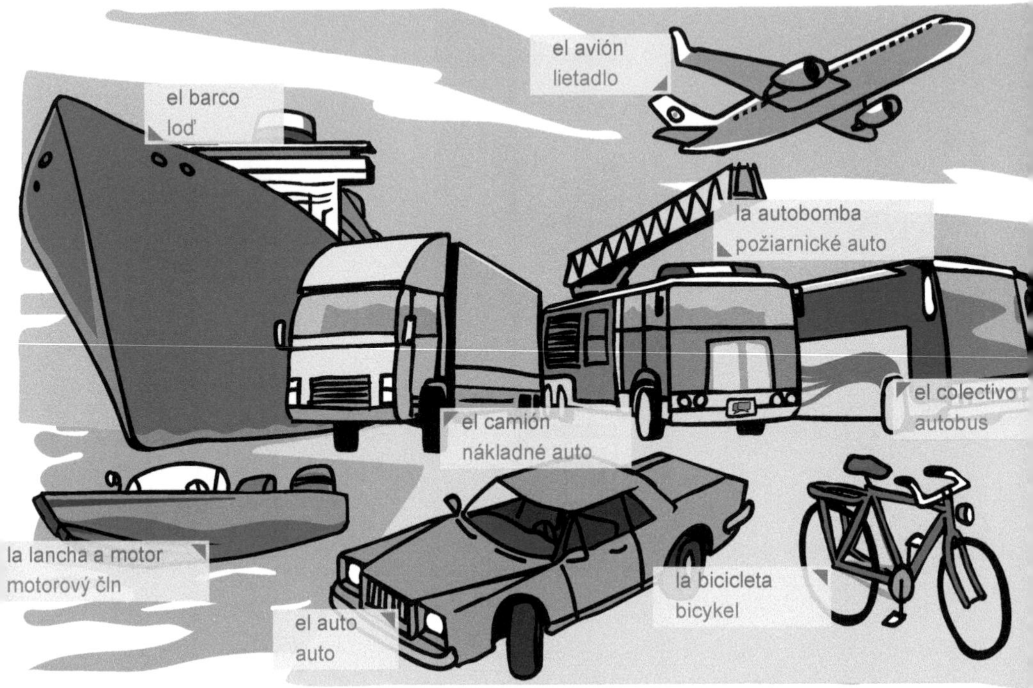
el avión
lietadlo
el barco
loď
la autobomba
požiarnické auto
el colectivo
autobus
el camión
nákladné auto
la lancha a motor
motorový čln
la bicicleta
bicykel
el auto
auto

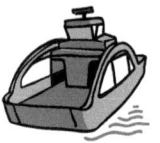

el ferry

trajekt

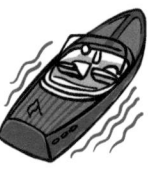

el bote

loď

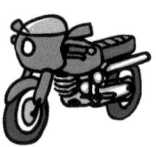

la moto

motorka

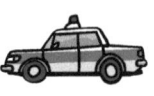

el patrullero

policajné auto

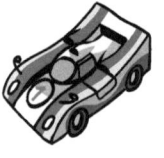

el auto de carreras

pretekárske auto

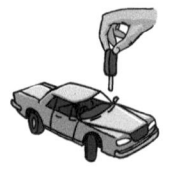

el auto de alquiler

vozidlo z požičovne

el alquiler de autos

carsharing

la grúa

odťahové auto

el camión de la basura

smetiarske auto

el motor

motor

la nafta

benzín

la estación de servicio

čerpacia stanica

la señal de tránsito

dopravná značka

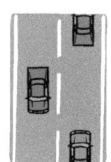

el tránsito

premávka

el embotellamiento

zápcha

el estacionamiento

parkovisko

la estación de tren

vlaková stanica

las vías

trate

el tren

vlak

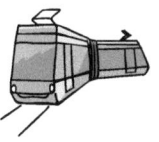

el tranvía

električka

el vagón

vagón

el helicóptero
helikoptéra

el aeropuerto
letisko

la torre
veža

el pasajero
pasažier

el contenedor
kontajner

la caja de cartón
kartón

la carretilla
vozík

la canasta
kôš

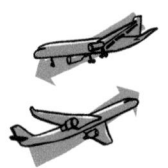

despegar / aterrizar
štartovať / pristáť

la ciudad
mesto

el pueblo
dedina

el centro de la ciudad
centrum mesta

la casa
dom

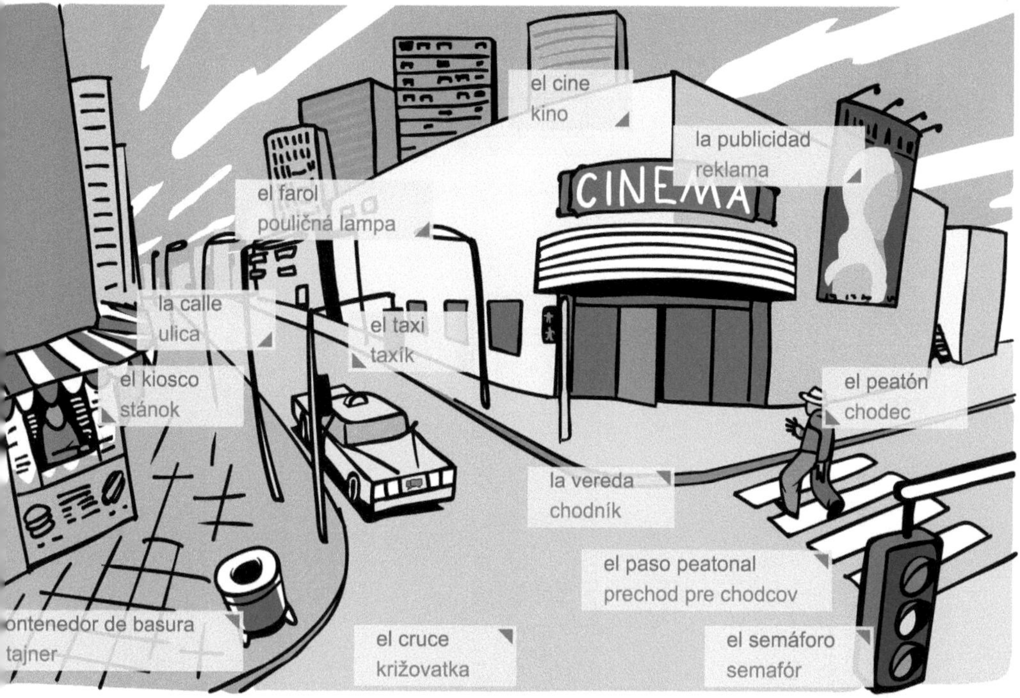
el cine
kino
la publicidad
reklama
CINEMA
el farol
pouličná lampa
la calle
ulica
el taxi
taxík
el kiosco
stánok
el peatón
chodec
la vereda
chodník
el paso peatonal
prechod pre chodcov
ontenedor de basura
tajner
el cruce
križovatka
el semáforo
semafór

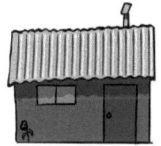

la cabaña

chata

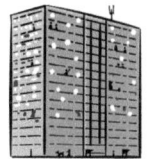

el departamento

byt

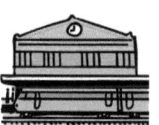

la estación de tren

vlaková stanica

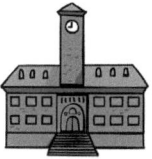

la municipalidad

radnica

MUSEUM

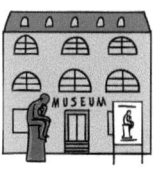

el museo

múzeum

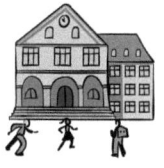

el colegio

škola

la universidad

univerzita

el banco

banka

el hospital

nemocnica

el hotel

hotel

la farmacia

lekáreň

la oficina

kancelária

la librería

kníhkupectvo

el negocio

obchod

la florería

kvetinárstvo

el supermercado

supermarket

el mercado

trh

las grandes tiendas

obchodný dom

la pescadería

obchodník s rybami

el centro comercial

nákupné stredisko

el puerto

prístav

el parque

park

el banco

lavička

el puente

most

las escaleras

schody

el subte

metro

el túnel

tunel

la parada del colectivo

autobusová zastávka

el bar

bar

el restaurante

reštaurácia

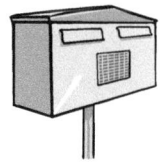

el buzón

poštová schránka

el letrero

tabuľa s názvom ulice

el parquímetro

parkovacie hodiny

el zoológico

ZOO

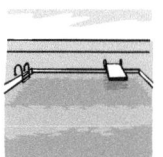

la pileta

plaváreň

la mezquita

mešita

la granja

farma

la contaminación

znečisťovanie životného prostredia

el cementerio

cintorín

la iglesia

kostol

los juegos infantiles

ihrisko

el templo

chrám

el paisaje
terén

la hoja
list

el poste indicador
smerová tabuľa

el camino
cesta

la pradera
lúka

la piedra
kameň

el excursionista
turista

el árbol
strom

el río
rieka

la hierba
tráva

la flor
kvet

el valle
dolina

la montaña
kopec

el lago
jazero

el bosque
les

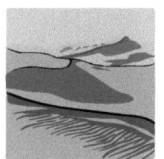

el desierto
púšť

el volcán
vulkán

el castillo
zámok

el arco iris
dúha

el champiñón
hríb

la palmera
palma

el mosquito
komár

la mosca
mucha

la hormiga
mravec

la abeja
včela

la araña
pavúk

el escarabajo

chrobák

la rana

žaba

la ardilla

veverička

el erizo

jež

la liebre

zajac

la lechuza

sova

el pájaro

vták

el cisne

labuť

el jabalí

diviak

el ciervo

jeleň

el alce

los

la presa

hrádza

el aerogenerador

veterná turbína

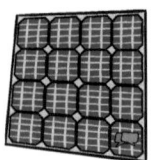

el panel solar

solárny panel

el clima

podnebie

el restaurante
reštaurácia

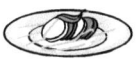

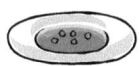

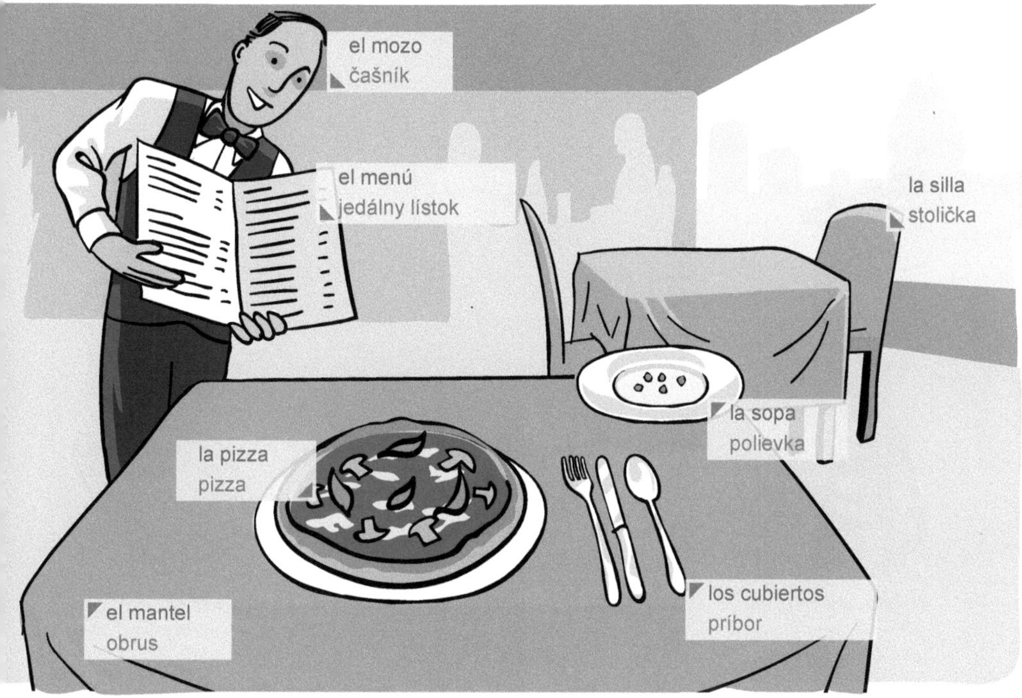
el mozo
čašník
el menú
jedálny lístok
la silla
stolička
la sopa
polievka
la pizza
pizza
el mantel
obrus
los cubiertos
príbor

la entrada
predjedlo

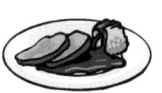

el plato principal
hlavné jedlo

el postre
zákusok

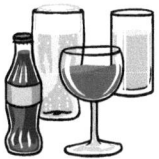

las bebidas
nápoje

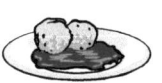

la comida
jedlo

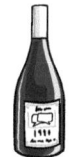

la botella
fľaša

la comida rápida

fast-food

la comida callejera

street food

la tetera

kanvica na čaj

la azucarera

cukornička

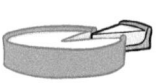

la porción

porcia

la cafetera expreso

stroj na espresso

la sillita alta

detská stolička

la cuenta

účet

la bandeja

podnos

el cuchillo

nôž

el tenedor

vidlička

la cuchara

lyžica

la cucharita

čajová lyžička

la servilleta

obrúsok

el vaso

pohár

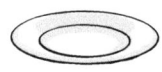

el plato

tanier

el plato hondo

hlboký tanier

el plato

podšálka

la salsa

omáčka

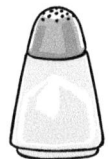

el salero

soľnička

el molinillo de pimienta

mlynček na korenie

el vinagre

ocot

el aceite

olej

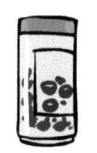

las especias

korenie

el kétchup

kečup

la mostaza

horčica

la mayonesa

majonéza

el supermercado
supermarket

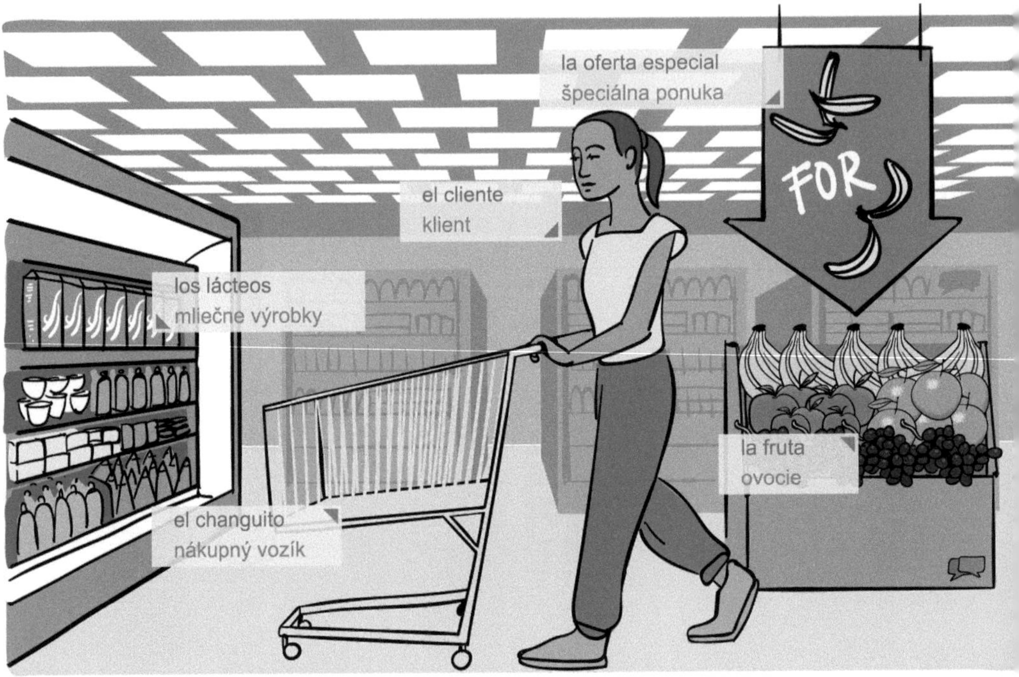

la oferta especial
špeciálna ponuka
FOR
el cliente
klient
los lácteos
mliečne výrobky
la fruta
ovocie
el changuito
nákupný vozík

BUTCHERS

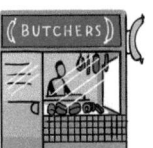

la carnicería

mäsiarstvo

BAKERY

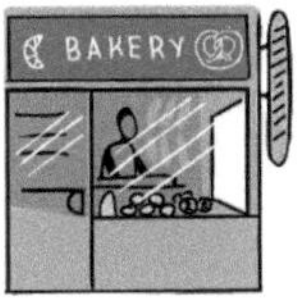

la panadería

pekáreň

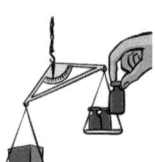

pesar

vážiť

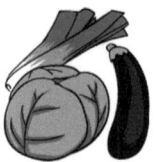

las verduras

zelenina

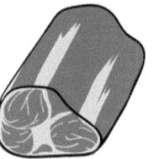

la carne

mäso

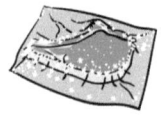

los alimentos congelados

mrazené potraviny

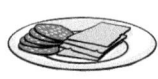

los fiambres

nárez

los alimentos enlatados

konzervy

el detergente en polvo

prací prostriedok

las golosinas

sladkosti

los electrodomésticos

domáce potreby

los productos de limpieza

čistiace prostriedky

la vendedora

predavačka

la caja

pokladňa

el cajero

pokladník

la lista de compras

nákupný zoznam

el horario de atención

otváracie hodiny

la billetera

peňaženka

la tarjeta de crédito

kreditná karta

la cartera

taška

la bolsa de plástico

plastové vrecko

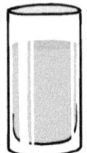

el agua

voda

el jugo

džús

la leche

mlieko

la bebida cola

kola

el vino

víno

la cerveza

pivo

el alcohol

alkohol

el cacao

kakao

el té

čaj

el café

káva

el café expreso

espresso

el cappuccino

kapučíno

la banana

banán

la manzana

jablko

la naranja

pomaranč

el melón

melón

el limón

citrón

la zanahoria

mrkva

el ajo

cesnak

el bambú

bambus

la cebolla

cibuľa

el champiñón

hríb

las nueces

orechy

los fideos

rezance

los tallarines

špagety

el arroz

ryža

la ensalada

šalát

las papas fritas

hranolky

las papas fritas

pečené zemiaky

la pizza

pizza

la hamburguesa

hamburger

el sándwich

obložený chlebík

el churrasco

rezeň

el jamón

šunka

el salame

saláma

la salchicha

klobása

el pollo

kurča

el asado

pečené mäso

el pescado

ryba

la comida - jedlo

los copos de avena

ovsené vločky

el muesli

müsli

los copos de maíz

kukuričné lupienky

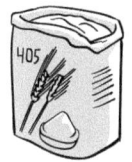

la harina

múka

la medialuna

croissant

el pancito

pečivo

el pan

chlieb

la tostada

hrianka

las galletitas

sušienky

la manteca

maslo

la cuajada

tvaroh

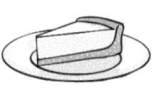

la torta

koláč

el huevo

vajce

el huevo frito

volské oko

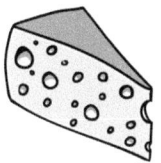

el queso

syr

el helado

zmrzlina

el azúcar

cukor

la miel

med

la mermelada

lekvár

la pasta de chocolate

nugátová nátierka

el curry

karí korenie

la comida - jedlo

la granja
farma

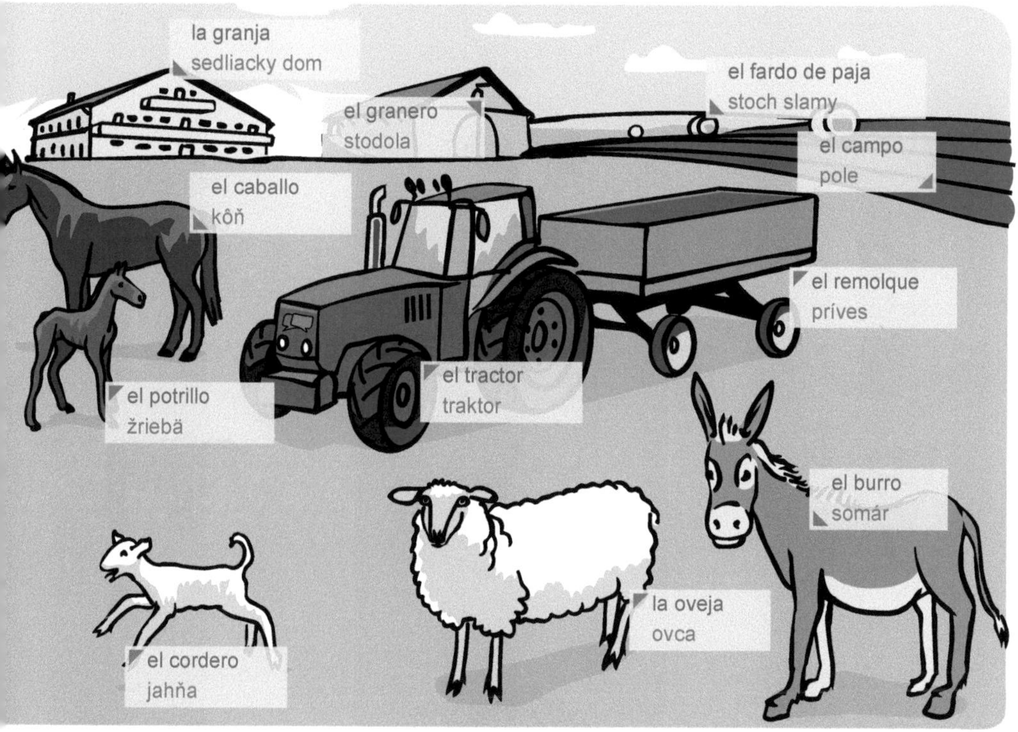
la granja
sedliacky dom
el granero
stodola
el fardo de paja
stoch slamy
el campo
pole
el caballo
kôň
el remolque
príves
el tractor
traktor
el potrillo
žriebä
el burro
somár
la oveja
ovca
el cordero
jahňa

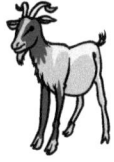

la cabra

koza

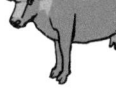

la vaca

krava

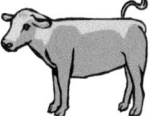

el ternero

teľa

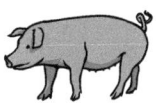

el cerdo

prasa

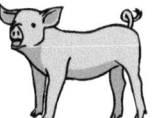

el lechón

prasiatko

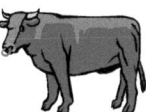

el toro

býk

el ganso
hus

el pato
kačica

el pollo
kuriatko

la gallina
sliepka

el gallo
kohút

la rata
potkan

el gato
mačka

el ratón
myš

el buey
vôl

el perro
pes

la cucha
psia búda

la manguera
záhradná hadica

la regadera
krhla

la guadaña
kosa

el arado
pluh

la hoz

kosák

la azada

motyka

la horquilla

vidly na hnoj

el hacha

sekera

la carretilla

fúrik

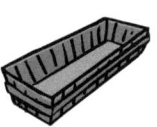

el abrevadero

koryto

la lechera

kanva na mlieko

la bolsa

vrece

la reja

plot

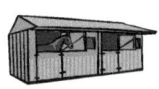

el establo

maštaľ

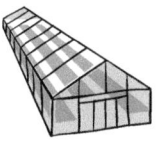

el invernadero

skleník

el suelo

pôda

la semilla

osivo

el fertilizador

hnojivo

la cosechadora

kombajn

cosechar

žať

la cosecha

žatva

las batatas

batát

el trigo

pšenica

la soja

sója

la papa

zemiak

el maíz

kukurica

la semilla de colza

repka

el árbol frutal

ovocný strom

la mandioca

maniok

los cereales

obilie

la casa
dom

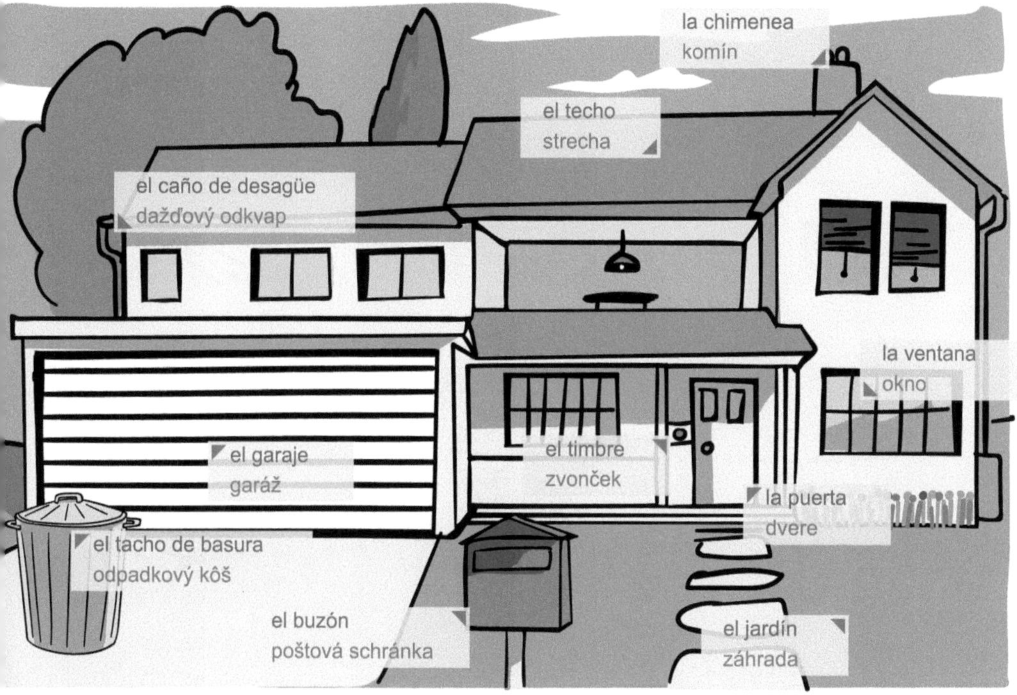
la chimenea
komín
el techo
strecha
el caño de desagüe
dažďový odkvap
la ventana
okno
el garaje
garáž
el timbre
zvonček
la puerta
dvere
el tacho de basura
odpadkový kôš
el buzón
poštová schránka
el jardín
záhrada

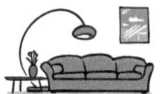

el living

obývačka

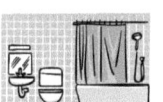

el baño

kúpeľňa

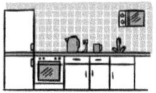

la cocina

kuchyňa

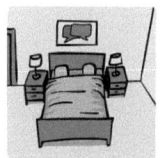

el dormitorio

spálňa

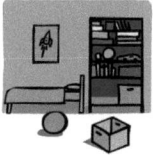

el cuarto de los chicos

detská izba

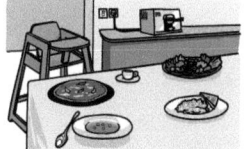

el comedor

jedáleň

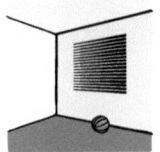

el piso

podlaha

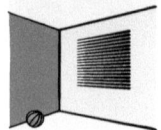

la pared

stena

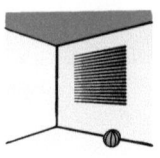

el cielorraso

strop

el sótano

pivnica

el sauna

sauna

el balcón

balkón

la terraza

terasa

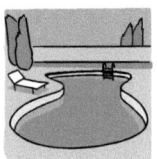

la pileta

bazén

la cortadora de pasto

kosačka

la sábana

obliečka

el acolchado

posteľná prikrývka

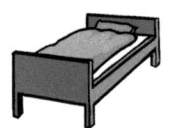

la cama

posteľ

la escoba

metla

el balde

vedro

el interruptor

vypínač

la casa - dom

el living
obývačka

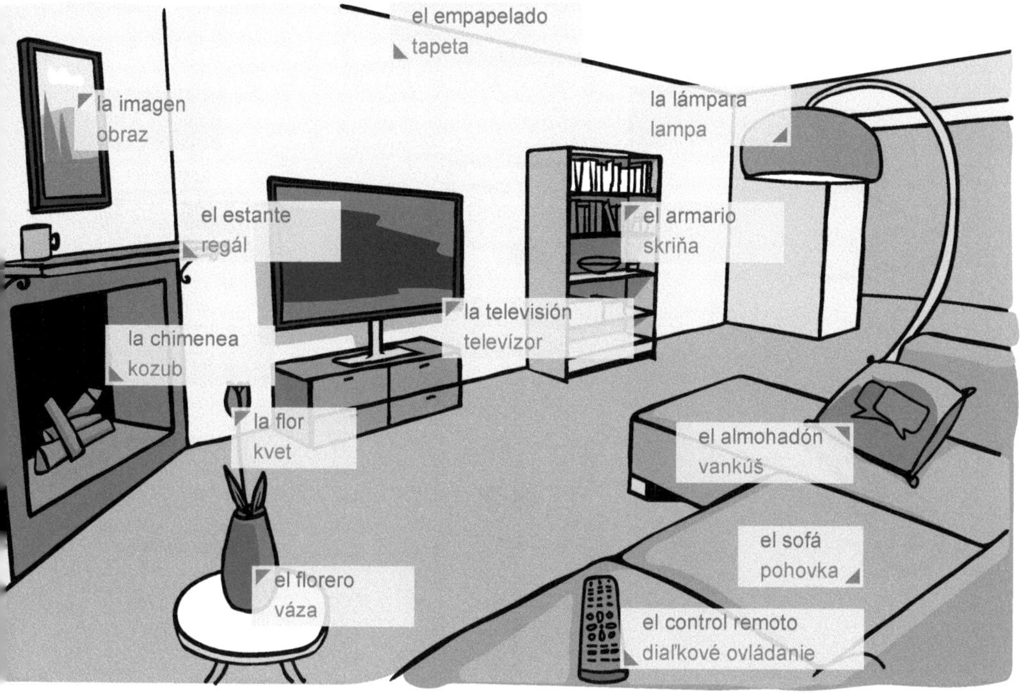
el empapelado
tapeta
la imagen
obraz
la lámpara
lampa
el estante
regál
el armario
skriňa
la televisión
televízor
la chimenea
kozub
la flor
kvet
el almohadón
vankúš
el sofá
pohovka
el florero
váza
el control remoto
diaľkové ovládanie

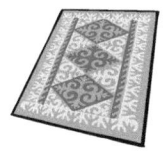

la alfombra

koberec

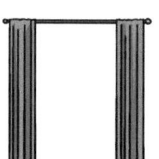

la cortina

záclona

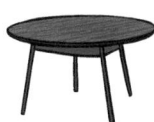

la mesa

stôl

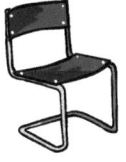

la silla

stolička

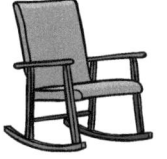

la mecedora

hojdacie kreslo

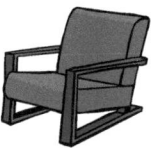

el sillón

kreslo

el libro

kniha

la frazada

prikrývka

la decoración

dekorácia

la leña

drevo na kúrenie

la película

film

el equipo de música

hi-fi veža

la llave

kľúč

el diario

noviny

la pintura

maľba

el póster

plagát

la radio

rádio

el cuaderno

zápisník

la aspiradora

vysávač

el cactus

kaktus

la vela

sviečka

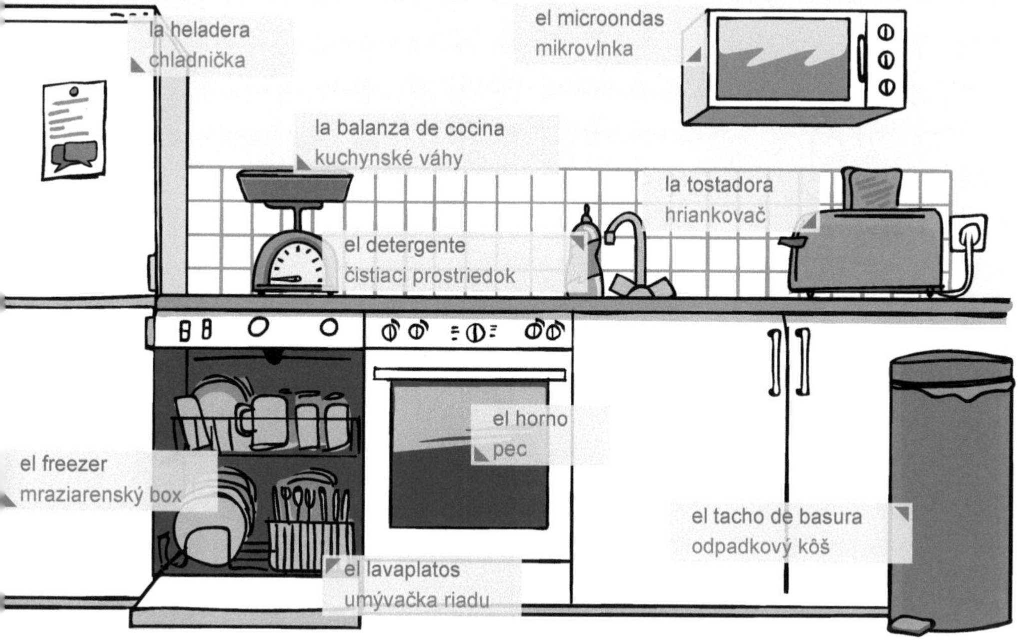

la heladera
chladnička

el microondas
mikrovlnka

la balanza de cocina
kuchynské váhy

la tostadora
hriankovač

el detergente
čistiaci prostriedok

el horno
pec

el freezer
mraziarenský box

el tacho de basura
odpadkový kôš

el lavaplatos
umývačka riadu

la cocina
sporák

la olla
hrniec

la olla de hierro fundido
železný hrniec

el wok
wok / kadai

la sartén
panvica

la pava
rýchlovarná kanvica

la vaporera

parný hrniec

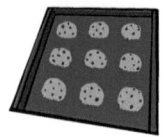

la bandeja de horno

plech na pečenie

la vajilla

riad

la taza

pohár

el bol

misa

los palitos

paličky

el cucharón

naberačka na polievku

la espátula

stierka

la batidora

metlička

el colador

cedidlo

el colador

sitko

el rallador

strúhadlo

el mortero

mažiar

la parrilla

gril

la fogata

ohnisko

la cocina - kuchyňa

la tabla de picar

doska na krájanie

el palo de amasar

valček na cesto

el sacacorchos

vývrtka

la lata

konzerva

el abrelatas

otvárač na konzervy

la manopla

chňapka

la pileta

výlevka

el cepillo

kefa

la esponja

hubka

la batidora

mixér

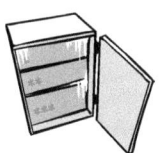

el congelador

mraznička

la mamadera

kojenecká fľaša

la canilla

vodovodný kohútik

el baño
kúpeľňa

la calefacción
kúrenie
la toalla
uterák
la ducha
sprcha
la cortina de la ducha
sprchový záves
el baño de espuma
pena do kúpeľa
la bañadera
vaňa
el vaso
pohár
el lavarropas
práčka
la canilla
vodovodný kohútik
las baldosas
dlaždice
la pelela
nočník
la pileta
výlevka

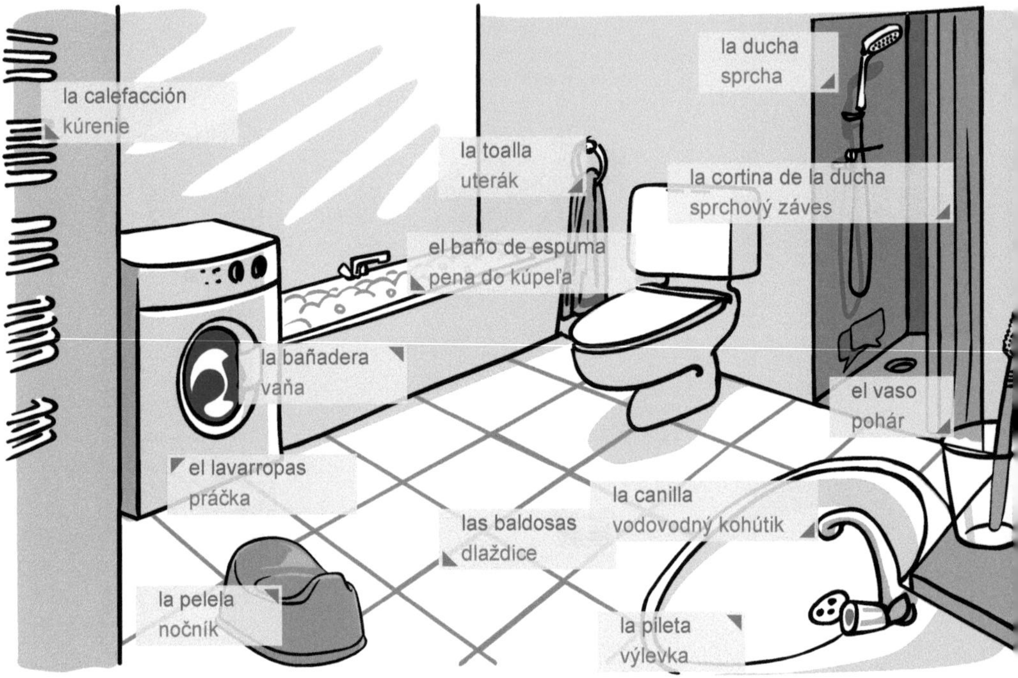

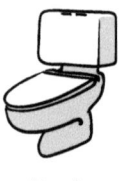

el inodoro

záchod

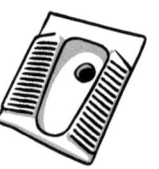

la letrina

suchý záchod

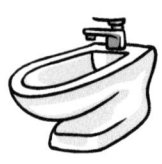

el bidé

bidet

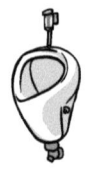

el mingitorio

pisoár

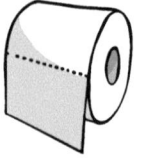

el papel higiénico

toaletný papier

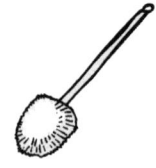

el cepillo para el inodoro

záchodová kefa

el cepillo de dientes

zubná kefka

el dentífrico

zubná pasta

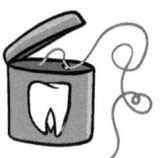

el hilo dental

dentálna niť

lavar

umývať

la ducha de mano

ručná sprcha

la ducha higiénica

sprcha pre intímnu hygienu

la palangana

umývadlo

el cepillo para la espalda

kefa na chrbát

el jabón

mydlo

el gel de ducha

sprchový gél

el shampoo

šampón

la toallita

frotírová rukavica

el desagüe

odtok

la crema

krém

el desodorante

dezodorant

el espejo

zrkadlo

el espejito

kozmetické zrkadlo

la maquinita de afeitar

žiletka

la espuma de afeitar

pena na holenie

el aftershave

voda po holení

el peine

hrebeň

el cepillo

kefa

el secador de pelo

sušič vlasov

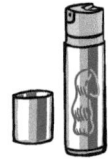

el spray

sprej na vlasy

el maquillaje

make-up

el lápiz de labios

rúž

el esmalte para uñas

lak na nechty

el algodón

vata

la tijera para uñas

nožnice na nechty

el perfume

parfum

el portacosméticos

kozmetická taška

la banqueta

stolček

la balanza

váha

la bata

kúpací plášť

los guantes de goma

gumové rukavice

el tampón

tampón

la toallita femenina

menštruačná vložka

el baño químico

chemické WC

el cuarto de los chicos
detská izba

el despertador
budík
el peluche
plyšová hračka
el coche de juguete
hračkárske auto
el sonajero
hrkálka
la casa de muñecas
domček pre bábiky
el regalo
dar

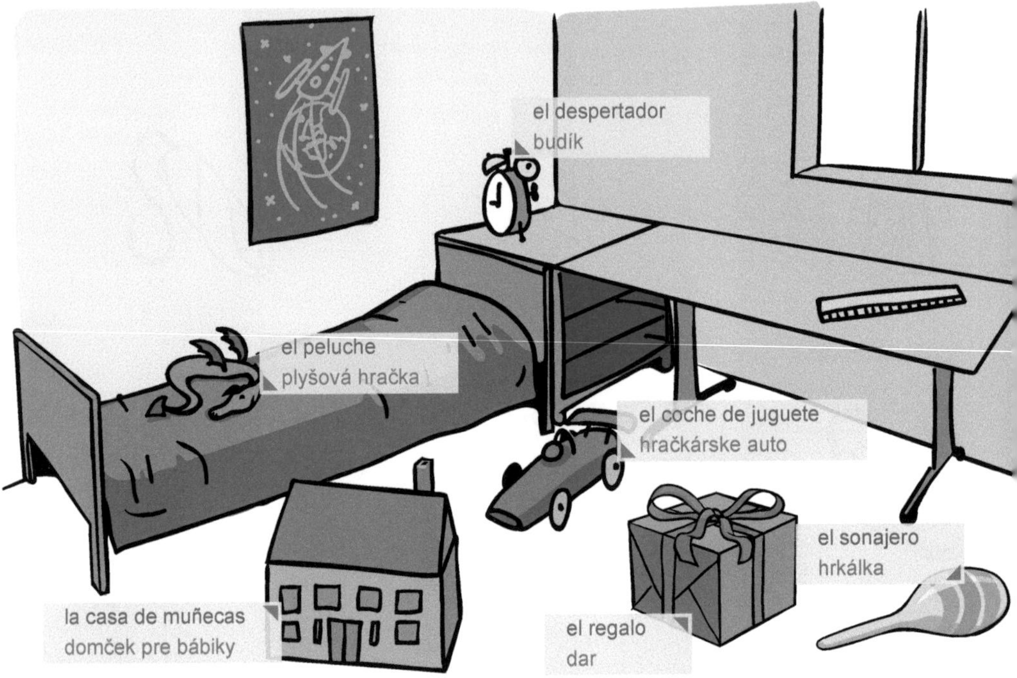

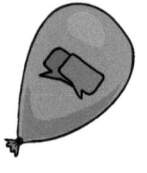

el globo
balón

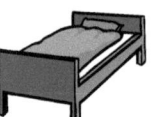

la cama
posteľ

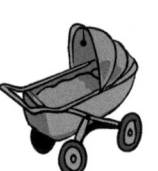

el cochecito
detský kočík

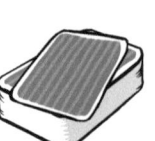

las cartas
karty

el rompecabezas
puzzle

SUPER MEGA

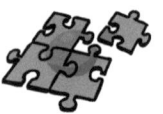

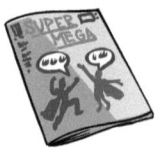

la historieta
komix

las piezas de lego

skladačka lego

los ladrillos de juguete

stavebnica

la figura de acción

akčná postavička

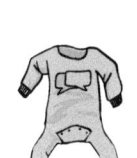

el enterito (de bebé)

dupačky

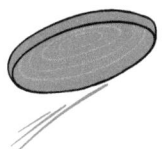

el frisbee

lietajúci tanier

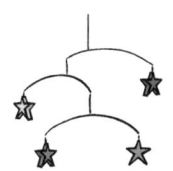

el móvil para bebés

závesné hračky

el juego de mesa

stolová hra

los dados

kocka

el tren eléctrico

modelový vláčik

el chupete

cumlík

la fiesta

párty

el libro de cuentos ilustrado

obrázková kniha

la pelota

lopta

la muñeca

bábika

jugar

hrať sa

el arenero

pieskovisko

la hamaca

hojdačka

los juguetes

hračky

la consola de videojuegos

hracia konzola

el triciclo

trojkolka

el osito de peluche

medvedík

el armario

šatník

la ropa
šatstvo

las medias

ponožky

las medias panty

pančuchy

las calzas

pančuchové nohavičky

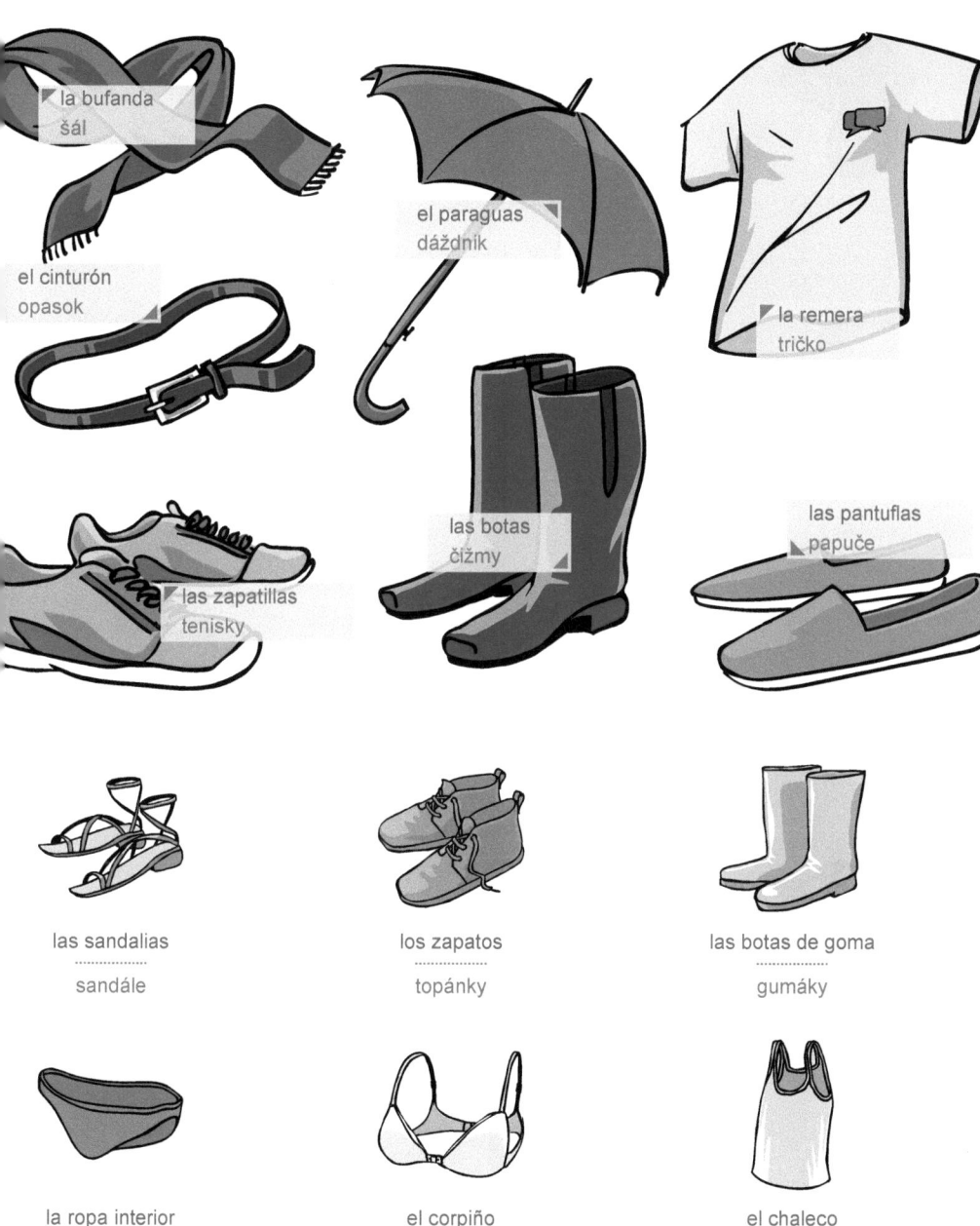

la bufanda
šál

el paraguas
dáždnik

la remera
tričko

el cinturón
opasok

las zapatillas
tenisky

las botas
čižmy

las pantuflas
papuče

las sandalias
sandále

los zapatos
topánky

las botas de goma
gumáky

la ropa interior
spodky

el corpiño
podprsenka

el chaleco
tielko

la ropa - šatstvo

el body

body

los pantalones

nohavice

los jeans

džínsy

la pollera

sukňa

la blusa

blúzka

la camisa

košeľa

el pulóver

pulóver

el buzo

sveter

el blazer

blejzer

la campera

bunda

el tapado

kabát

el piloto

pršiplášť

el traje

kostým

el vestido

šaty

el vestido de novia

svadobné šaty

la ropa - šatstvo

el traje

oblek

el camisón

nočná košeľa

el pijama

pyžamo

el sari

sari

el pañuelo para la cabeza

šatka na hlavu

el turbante

turban

la burka

burka

el caftán

kaftan

la abaya

abaja

el traje de baño

dvojdielne plavky

el short de baño

plavky

los shorts

šortky

el jogging

tepláková súprava

el delantal

zástera

los guantes

rukavice

el botón

gombík

los anteojos

okuliare

la pulsera

náramok

el collar

retiazka

el anillo

prsteň

el aro

náušnica

la gorra

čiapka

la percha

vešiak

el sombrero

klobúk

la corbata

kravata

el cierre

zips

el casco

prilba

los tiradores

traky

el uniforme escolar

školská uniforma

el uniforme

uniforma

el babero

podbradník

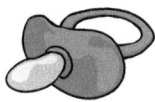

el chupete

cumlík

el pañal

plienka

la oficina
kancelária

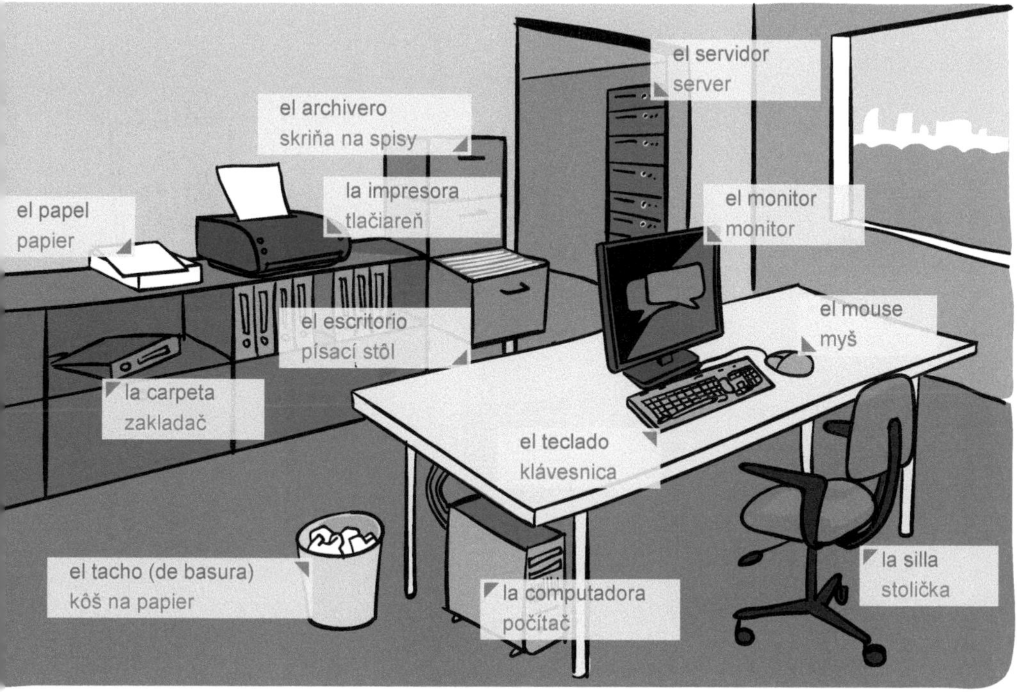

el servidor
server

el archivero
skriňa na spisy

el papel
papier

la impresora
tlačiareň

el monitor
monitor

el escritorio
písací stôl

el mouse
myš

la carpeta
zakladač

el teclado
klávesnica

el tacho (de basura)
kôš na papier

la computadora
počítač

la silla
stolička

la taza de café

hrnček na kávu

la calculadora

kalkulačka

el internet

internet

la laptop
laptop

la carta
list

el mensaje
správa

el celular
mobil

la red
sieť

la fotocopiadora
kopírka

el software
softvér

el teléfono
telefón

el tomacorriente
elektrická zásuvka

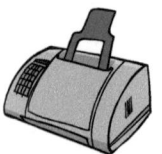

el fax
fax

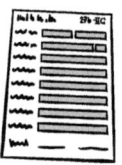

el formulario
formulár

el documento
doklad

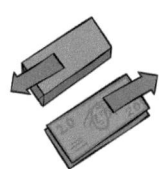

comprar
kúpiť

pagar
platiť

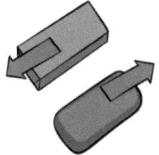

hacer negocios
obchodovať

el dinero
peniaze

el dólar
dolár

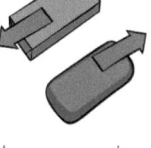

el euro
euro

el yen
jen

el rublo
rubeľ

el franco suizo
švajčiarsky frank

el yuan
čínsky jüan

la rupia
rupia

el cajero automático
bankomat

la casa de cambio

zmenáreň

el oro

zlato

la plata

striebro

el petróleo

ropa

la energía

energia

el precio

cena

el contrato

zmluva

el impuesto

daň

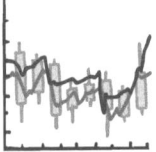

la acción

akcia

trabajar

pracovať

el empleado

zamestnanec

el empleador

zamestnávateľ

la fábrica

továreň

el negocio

obchod

el policía
policajt

el bombero
hasič

el cocinero
kuchár

el médico
lekár

el piloto
pilót

el jardinero

záhradník

el carpintero

stolár

la modista

krajčírka

el juez

sudca

el farmacéutico

chemik

el actor

herec

el colectivero

vodič autobusu

el taxista

taxikár

el pescador

rybár

la mucama

upratovačka

el techista

pokrývač

el mozo

čašník

el cazador

poľovník

el pintor

maliar

el panadero

pekár

el electricista

elektrikár

el albañil

stavebný robotník

el ingeniero

inžinier

el carnicero

mäsiar

el plomero

klampiar

el cartero

poštár

el soldado

vojak

el arquitecto

architekt

el cajero

pokladník

el florista

kvetinár

el peluquero

kaderník

el cobrador

sprievodca

el mecánico

mechanik

el capitán

kapitán

el dentista

zubár

el científico

vedec

el rabino

rabín

el imán

imám

el monje

mních

el sacerdote

farár

las herramientas
náradie

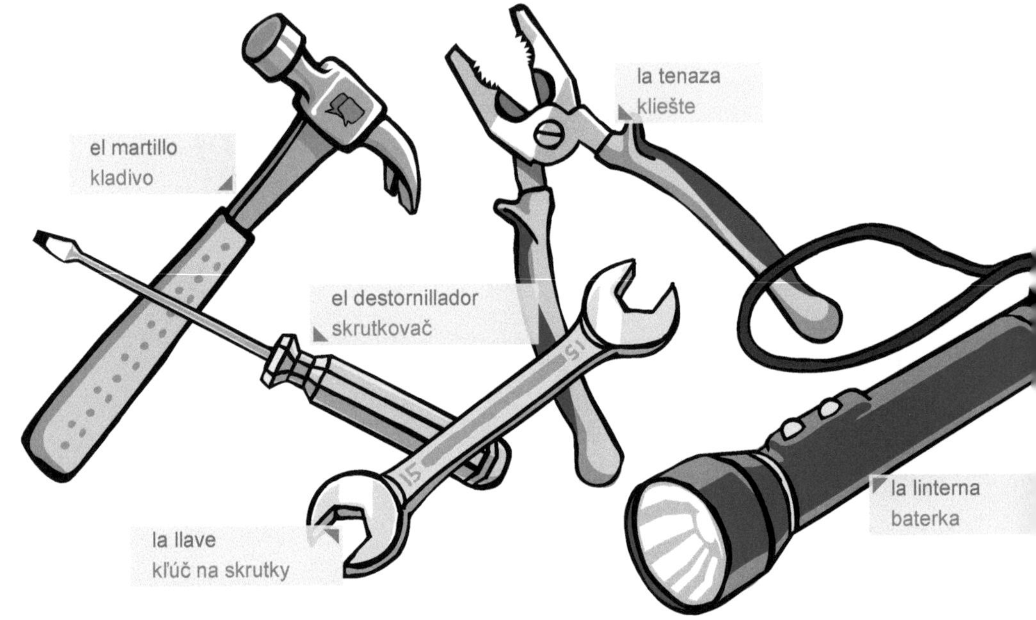

el martillo
kladivo
la tenaza
kliešte
el destornillador
skrutkovač
la linterna
baterka
la llave
kľúč na skrutky

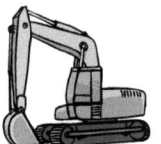

la excavadora

bager

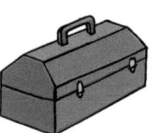

la caja de herramientas

súprava náradia

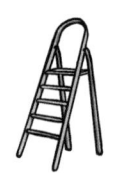

la escalera portátil

rebrík

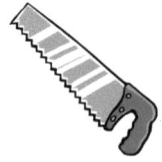

la sierra

pílka

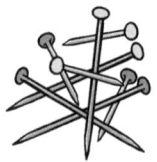

los clavos

klince

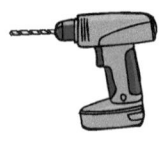

el taladro

vrták

arreglar

opraviť

la pala de jardín

lopata

¡Qué bronca!

Do čerta!

la pala de plástico

lopatka na smeti

el tacho de pintura

nádoba s farbou

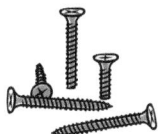

los tornillos

skrutky

los instrumentos musicales
hudobné nástroje

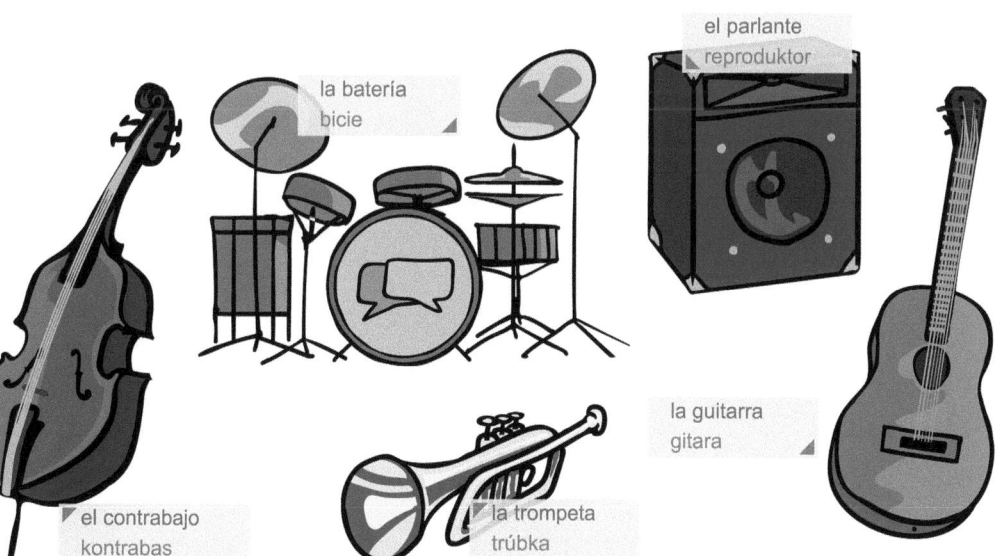

el parlante
reproduktor

la batería
bicie

la guitarra
gitara

el contrabajo
kontrabas

la trompeta
trúbka

el piano

klavír

el violín

husle

el bajo

basa

los timbales

tympany

el tambor

bubon

el teclado

klávesnica

el saxofón

saxofón

la flauta

flauta

el micrófono

mikrofón

el zoológico
ZOO

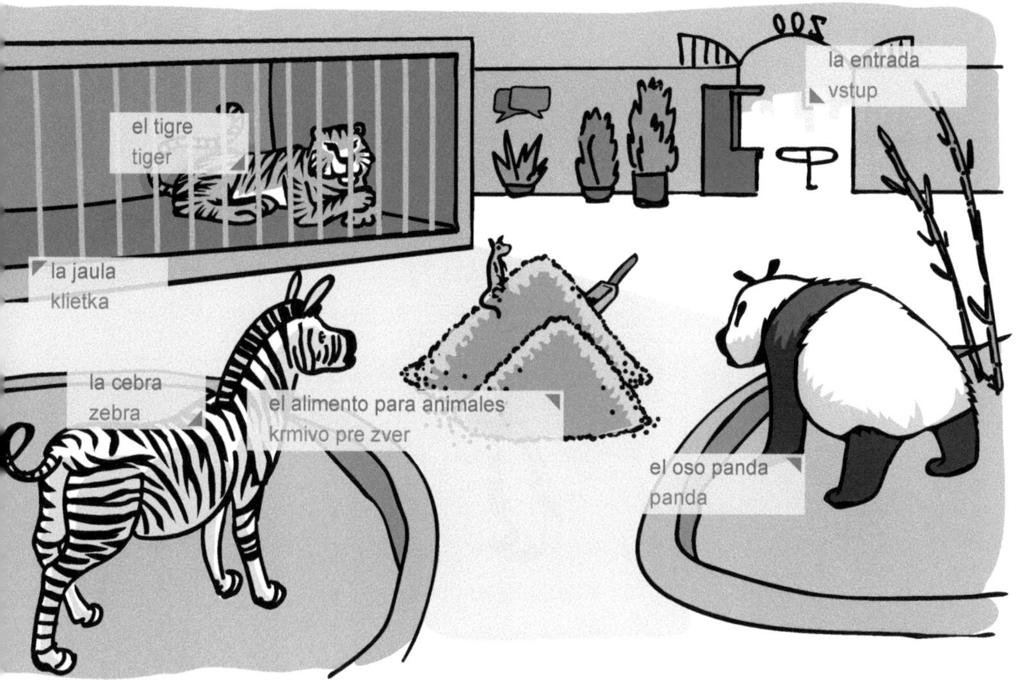

la entrada
vstup
el tigre
tiger
la jaula
klietka
la cebra
zebra
el alimento para animales
krmivo pre zver
el oso panda
panda

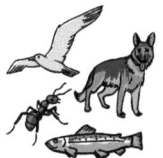

los animales

zvieratá

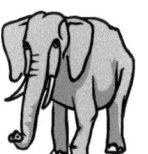

el elefante

slon

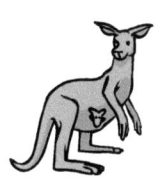

el canguro

klokan

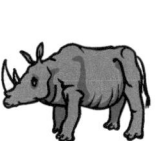

el rinoceronte

nosorožec

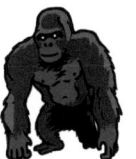

el gorila

gorila

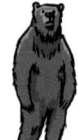

el oso

medveď

el camello

ťava

el avestruz

pštros

el león

lev

el mono

opica

el flamenco

plameniak

el loro

papagáj

el oso polar

ľadový medveď

el pingüino

tučniak

el tiburón

žralok

el pavo real

páv

la serpiente

had

el cocodrilo

krokodíl

el cuidador del zoológico

ošetrovateľ v ZOO

la foca

tuleň

el jaguar

jaguár

el poni

poník

el leopardo

leopard

el hipopótamo

hroch

la jirafa

žirafa

el águila

orol

el jabalí

diviak

el pescado

ryba

la tortuga

korytnačka

la morsa

mrož

el zorro

líška

la gacela

gazela

el fútbol americano
americký futbal

el ciclismo
cyklistika

el tenis
tenis

el básquet
basketbal

la natación
plávanie

el boxeo
box

el hockey sobre hielo
hokej

el fútbol

futbal

el bádminton

bedminton

el atletismo

ľahká atletika

el handball

hádzaná

el esquí

lyžovanie

el polo

pólo

saltar
skočiť

reír
smiať sa

abrazar
objať

caminar
chodiť

cantar
spievať

soňar
snívať

rezar
modliť sa

besar
pobozkať

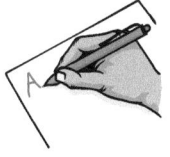

escribir

písať

dibujar

kresliť

mostrar

ukázať

presionar

tlačiť

dar

dať

tomar

brať

tener

mať

hacer

robiť

ser

byť

estar parado

stáť

correr

bežať

tirar

ťahať

tirar

hádzať

caer

padnúť

estar acostado

ležať

esperar

čakať

llevar

nosiť

estar sentado

sedieť

vestirse

obliecť sa

dormir

spať

despertar

zobudiť sa

mirar

pozerať

llorar

plakať

acariciar

hladkať

peinar

česať

hablar

hovoriť

entender

rozumieť

preguntar

pýtať sa

escuchar

počuť

beber

piť

comer

jesť

ordenar

upratať

amar

milovať

cocinar

variť

manejar

jazdiť

volar

letieť

navegar

plachtiť

calcular

počítať

leer

čítať

aprender

učiť sa

trabajar

pracovať

casarse

oženiť

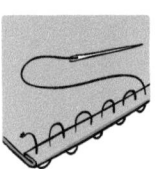

coser

šiť

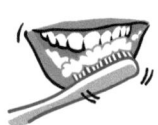

cepillarse los dientes

čistiť zuby

matar

zabiť

fumar

fajčiť

enviar

poslať

la abuela
stará mama

el abuelo
starý otec

el padre
otec

la madre
mama

el bebé
bábo

la hija
dcéra

el hijo
syn

el invitado
hosť

la tía
teta

el tío
strýko

el hermano
brat

la hermana
sestra

el cuerpo
telo

la frente
čelo
el ojo
oko
el hombro
plece
el dedo
prst
la cara
tvár
la pera
brada
la mano
ruka
la pierna
noha
el pecho
hruď
el brazo
rameno

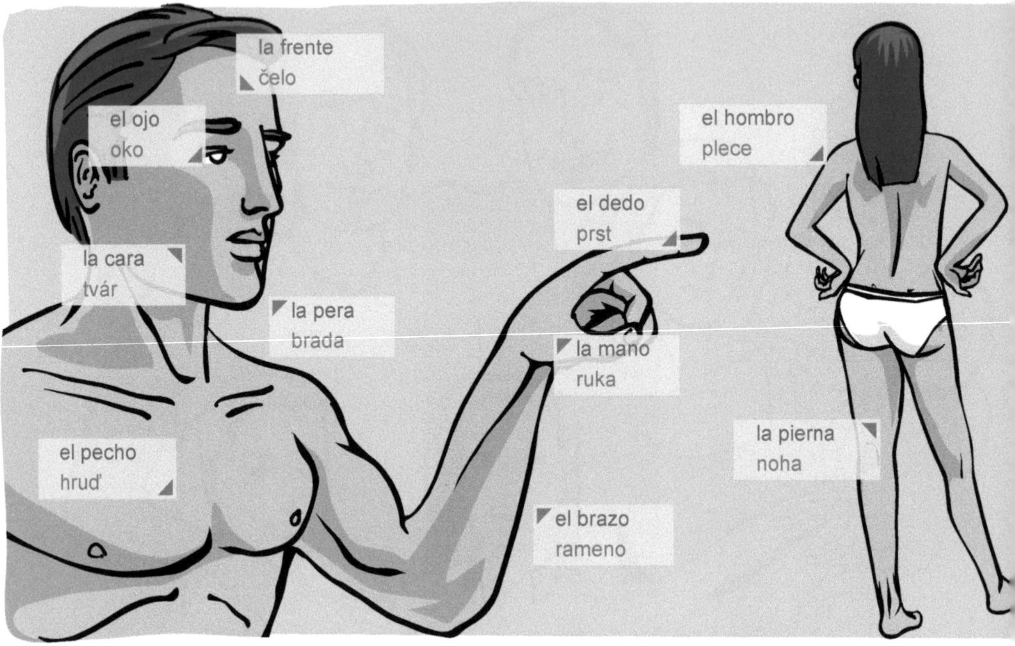

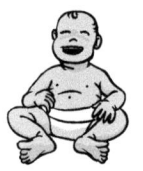

el bebé

bábo

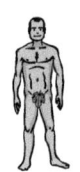

el hombre

muž

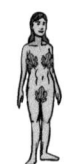

la mujer

žena

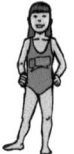

la nena

dievča

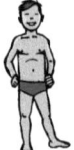

el nene

chlapec

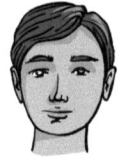

la cabeza

hlava

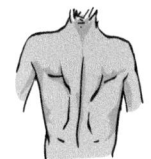

la espalda

chrbát

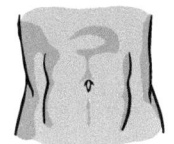

la panza

brucho

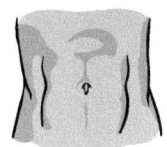

el ombligo

pupok

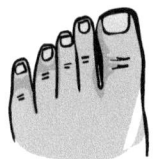

el dedo del pie

prst na nohe

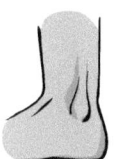

el talón

päta

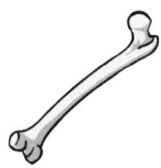

el hueso

kosť

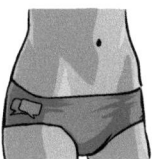

la cadera

bok

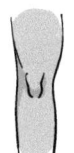

la rodilla

koleno

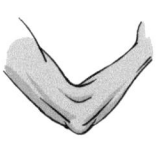

el codo

lakeť

la nariz

nos

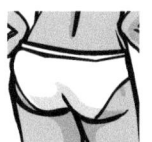

la cola

zadok

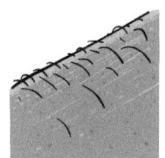

la piel

koža

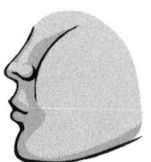

el cachete

líce

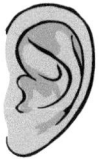

la oreja

ucho

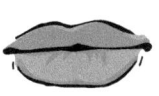

el labio

pery

el cuerpo - telo

69

la boca

ústa

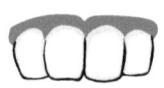

el diente

zub

la lengua

jazyk

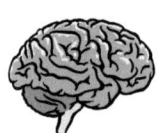

el cerebro

mozog

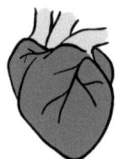

el corazón

srdce

el músculo

svaly

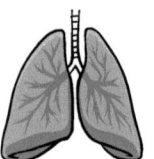

el pulmón

pľúca

el hígado

pečeň

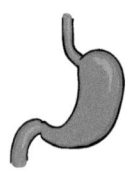

el estómago

žalúdok

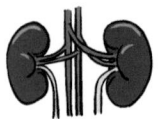

los riñones

obličky

el sexo

pohlavný styk

el preservativo

kondóm

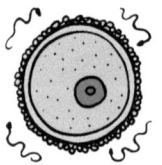

el óvulo

vaječná bunka

el semen

semeno

el embarazo

tehotenstvo

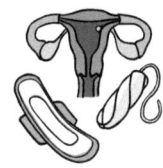

la menstruación

menštruácia

la vagina

vagína

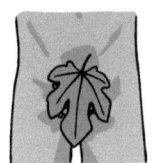

el pene

penis

la ceja

obočie

el pelo

vlasy

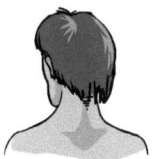

el cuello

krk

el hospital
nemocnica

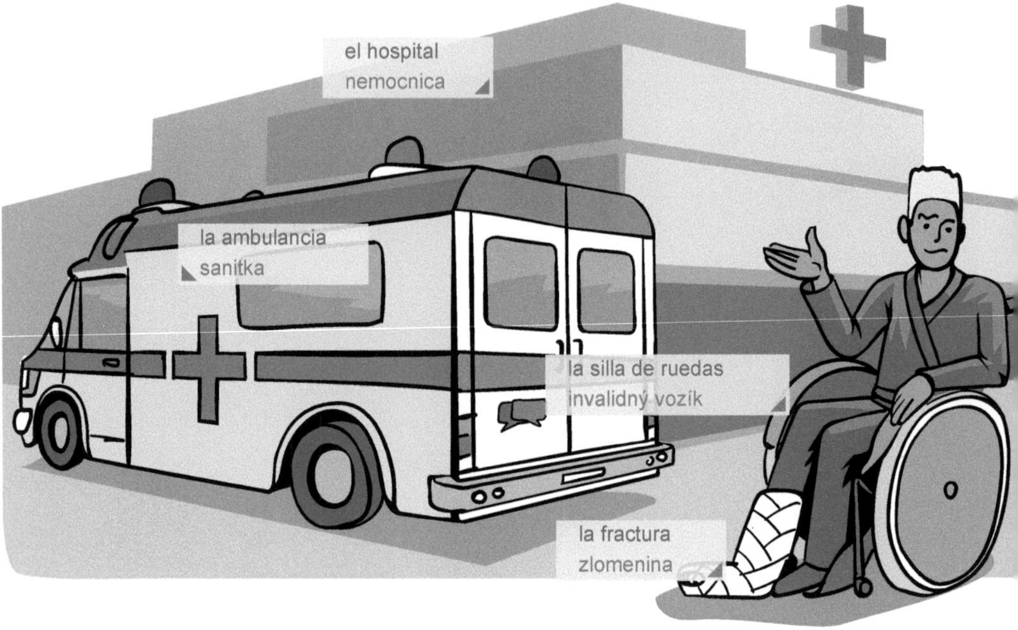

el hospital
nemocnica
la ambulancia
sanitka
la silla de ruedas
invalidný vozík
la fractura
zlomenina

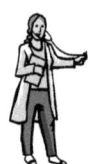

el médico

lekár

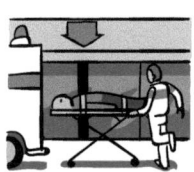

la sala de guardia

urgentný príjem

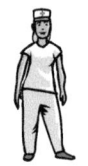

la enfermera

sestrička

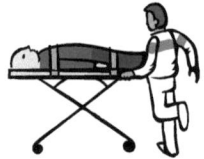

la emergencia

urgentný prípad

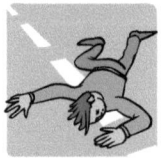

inconsciente

v bezvedomí

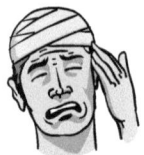

el dolor

bolesť

la lesión

zranenie

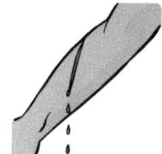

la hemorragia

krvácanie

el infarto

srdcový infarkt

el ACV

mozgová porážka

la alergia

alergia

la tos

kašeľ

la fiebre

teplota

la gripe

chrípka

la diarrea

hnačka

el dolor de cabeza

bolesť hlavy

el cáncer

rakovina

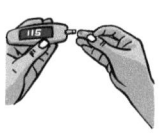

la diabetes

cukrovka

el cirujano

chirurg

el bisturí

skalpel

la operación

operácia

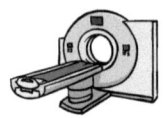

la TC

CT

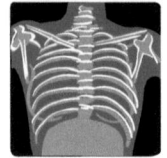

los rayos x

RTG

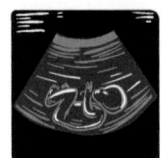

la ecografía

ultrazvuk

el barbijo

maska

la enfermedad

choroba

la sala de espera

čakáreň

la muleta

barla

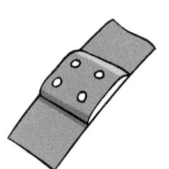

la curita

náplasť

la venda

obväz

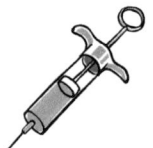

la inyección

injekcia

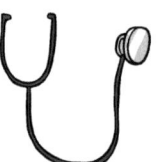

el estetoscopio

fonendoskop

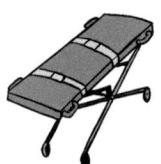

la camilla

nosidlá

el termómetro

teplomer

el nacimiento

pôrod

el sobrepeso

nadváha

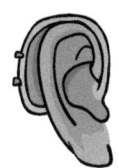

el audífono

audiofón

el desinfectante

dezinfekčný prostriedok

la infección

infekcia

el virus

vírus

el VIH / SIDA

HIV / AIDS

el remedio

medicína

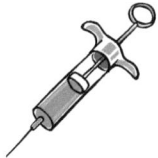

la vacunación

očkovanie

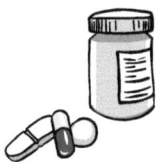

los comprimidos

tabletky

la pastilla anticonceptiva

antikoncepčná pilulka

la llamada de emergencia

tiesňové volanie

el tensiómetro

tlakomer

enfermo / sano

chorý / zdravý

¡Ayuda!
Pomoc!

la alarma
alarm

la agresión
prepad

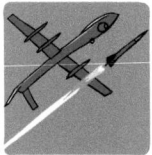

el ataque
útok

el peligro
nebezpečenstvo

la salida de emergencia
núdzový východ

¡Fuego!
Horí!

el matafuego
hasičský prístroj

el accidente
nehoda

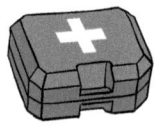

el botiquín de primeros
auxilios
kufrík prvej pomoci

el SOS
SOS

la policía
polícia

Europa

Európa

América del Norte

Severná Amerika

América del Sur

Južná Amerika

África

Afrika

Asia

Ázia

Australia

Austrália

el Atlántico

Atlantický oceán

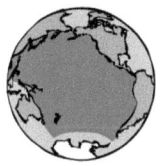

el Pacífico

Tichý oceán

el Océano Índico

Indický oceán

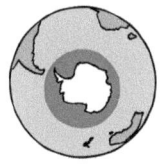

el Océano Antártico

Južný oceán

el Océano Ártico

Severný ľadový oceán

el polo norte

Severný pól

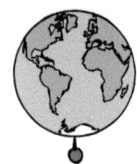

el polo sur

Južný pól

la Antártida

Antarktída

la Tierra

Zem

la tierra

krajina

el mar

more

la isla

ostrov

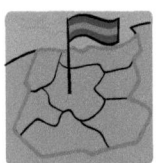

la nación

národ

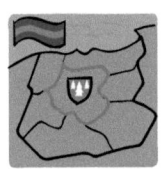

el estado

štát

la esfera

ciferník

la manecilla de las horas

hodinová ručička

el minutero

minútová ručička

el segundero

sekundová ručička

¿Qué hora es?

Koľko je hodín?

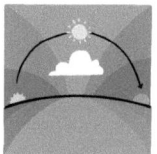

el día

deň

la hora

čas

ahora

teraz

el reloj digital

digitálne hodiny

el minuto

minúta

la hora

hodina

la semana
týždeň

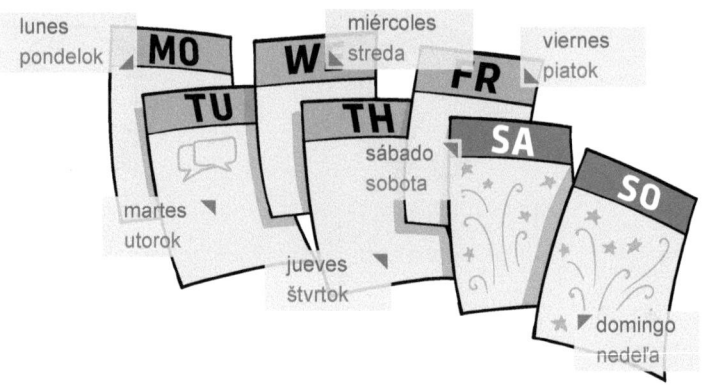

lunes
pondelok

miércoles
streda

viernes
piatok

martes
utorok

sábado
sobota

jueves
štvrtok

domingo
nedeľa

ayer

včera

hoy

dnes

mañana

zajtra

la mañana

ráno

el mediodía

poludnie

la tarde

večer

MO	TU	WE	TH	FR	SA	SU
1	2	3	4	5	6	7
8	9	10	11	12	13	14
15	16	17	18	19	20	21
22	23	24	25	26	27	28
29	30	31	1	2	3	4

los días hábiles

pracovné dni

MO	TU	WE	TH	FR	SA	SU
1	2	3	4	5	6	7
8	9	10	11	12	13	14
15	16	17	18	19	20	21
22	23	24	25	26	27	28
29	30	31	1	2	3	4

el fin de semana

víkend

el año
rok

la lluvia
dážď
el arco iris
dúha
el viento
vietor
la nieve
sneh
la primavera
jar
el verano
leto
el otoño
jeseň
el invierno
zima

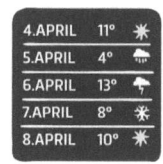

4.APRIL 11°
5.APRIL 4°
6.APRIL 13°
7.APRIL 8°
8.APRIL 10°

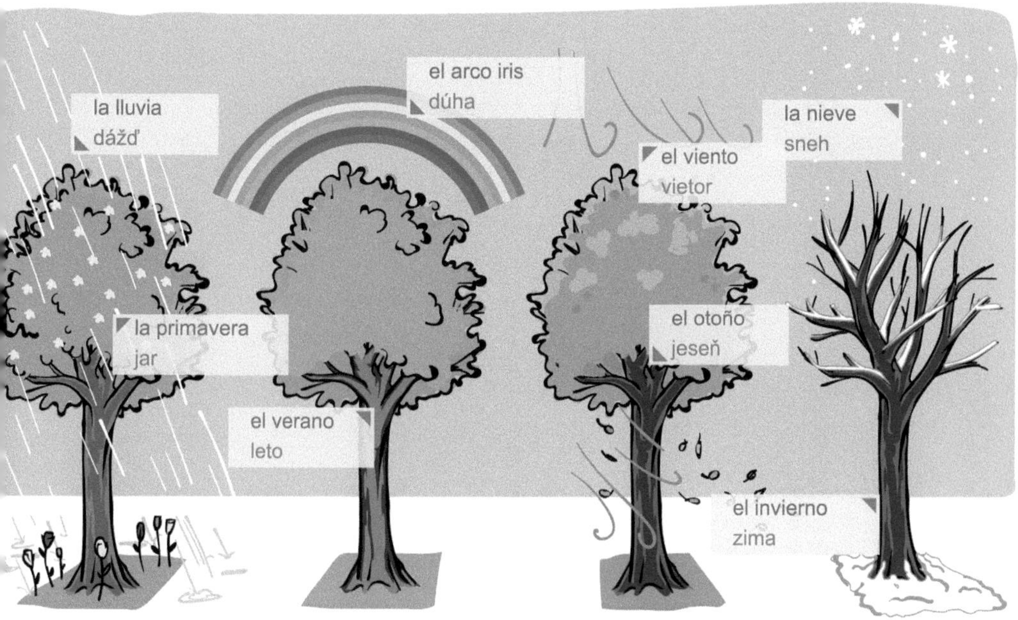

pronóstico meteorológico

predpoveď počasia

F
C
120
90
60
30
0
-30
40
30
20
10
0
-10
-20

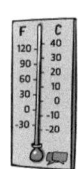

el termómetro

teplomer

la luz del sol

slnečný svit

la nube

oblak

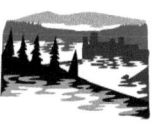

la niebla

hmla

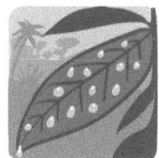

la humedad

vlhkosť vzduchu

el rayo

blesk

el trueno

hrom

la tormenta

búrka

el granizo

krúpy

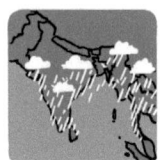

el monzón

monzún

la inundación

záplava

el hielo

ľad

enero

január

febrero

február

marzo

marec

abril

apríl

mayo

máj

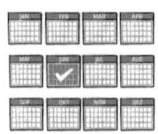

junio

jún

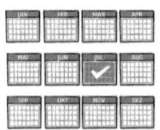

julio

júl

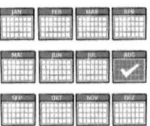

agosto

august

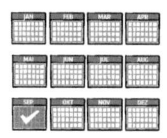

septiembre
....
september

octubre
....
október

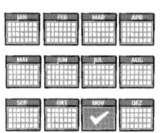

noviembre
....
november

diciembre
....
december

el círculo
....
kruh

el cuadrado
....
štvorec

el rectángulo
....
obdĺžnik

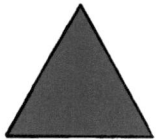

el triángulo
....
trojuholník

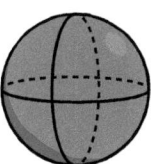

la esfera
....
guľa

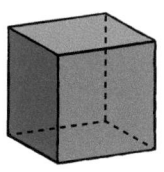

el cubo
....
kocka

blanco

biela

amarillo

žltá

naranja

oranžová

rosa

ružová

rojo

červená

violeta

fialová

azul

modrá

verde

zelená

marrón

hnedá

gris

šedá

negro

čierna

mucho / poco

veľa / málo

enojado / tranquilo

zúrivý / pokojný

lindo / feo

pekný / škaredý

el principio / el fin

začiatok / koniec

grande / chico

veľký / malý

claro / oscuro

svetlý / tmavý

el hermano / la hermana

brat / sestra

limpio / sucio

čistý / špinavý

completo / incompleto

úplný / neúplný

el día / la noche

deň / noc

muerto / vivo

mŕtvy / živý

ancho / angosto

široký / úzky

comestible / no comestible

....

chutný / nechutný

malo / amable

....

zlostný / láskavý

entusiasmado / aburrido

vzrušený / unudený

gordo / flaco

....

tlstý / chudý

primero / último

....

prvý / posledný

el amigo / el enemigo

....

priateľ / nepriateľ

lleno / vacío

....

plný / prázdny

duro / blando

....

tvrdý / mäkký

pesado / liviano

....

ťažký / ľahký

el hambre / la sed

....

hlad / smäd

enfermo / sano

....

chorý / zdravý

ilegal / legal

....

nelegálny / legálny

inteligente / estúpido

....

inteligentný / hlúpy

izquierda / derecha

....

vľavo / vpravo

cerca / lejos

....

blízko / ďaleko

nuevo / usado

nový / použitý

nada / algo

nič / niečo

viejo / joven

starý / mladý

encendido / apagado

zapnuté / vypnuté

abierto / cerrado

otvorené / zatvorené

silencioso / ruidoso

tichý / hlasný

rico / pobre

bohatý / chudobný

correcto / incorrecto

správne / nesprávne

áspero / suave

drsný / hladký

triste / contento

smutný / šťastný

corto / largo

krátky / dlhý

lento / rápido

pomaly / rýchlo

mojado / seco

mokrý / suchý

caliente / frío

teplý / studený

guerra / paz

vojna / mier

0

cero

nula

1

uno

jeden

2

dos

dva

3

tres

tri

4

cuatro

štyri

5

cinco

päť

6

seis

šesť

7

siete

sedem

8

ocho

osem

9

nueve

deväť

10

diez

desať

11

once

jedenásť

12 doce
dvanásť

13 trece
trinásť

14 catorce
štrnásť

15 quince
pätnásť

16 dieciséis
šestnásť

17 diecisiete
sedemnásť

18 dieciocho
osemnásť

19 diecinueve
devätnásť

20 veinte
dvadsať

100 cien
sto

1.000 mil
tisíc

1.000.000 el millón
milión

los idiomas

el inglés

angličtina

el inglés americano

americká angličtina

el chino mandarín

mandarínska čínština

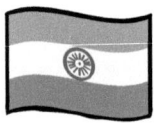

el hindi

hindčina

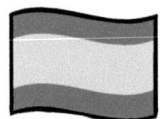

el español

španielčina

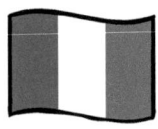

el francés

francúzština

el árabe

arabčina

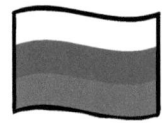

el ruso

ruština

el portugués

portugalčina

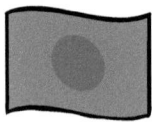

el bengalí

bengálčina

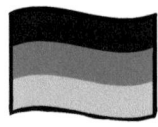

el alemán

nemčina

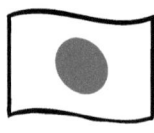

el japonés

japončina

yo
ja

vos
ty

él / ella
on/ona/ono

nosotros
my

ustedes
vy

ellos
oni

¿quién?
kto?

¿qué?
čo?

¿cómo?
ako?

¿dónde?
kde?

¿cuándo?
kedy?

el nombre
meno

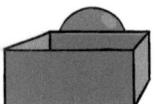

detrás

za

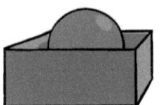

en

v

adelante de

pred

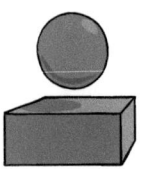

por encima de

nad

sobre

na

debajo de

pod

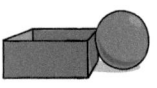

al lado de

vedľa

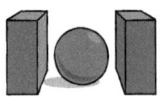

entre

medzi

el lugar

miesto